AF312280

MARIE LAPARCERIE

COMMENT TROUVER un MARI APRÈS LA GUERRE

« C'est doubler sa force individuelle que la maintenir en contact permanent et avec le passé national, et avec ce rameau de la race qui s'appelle la famille. »

MARCEL PRÉVOST.

ALBERT MÉRICANT
ÉDITEUR ⸱ PARIS
29, AVENUE DE CHATILLON

PRIX : 1 fr. 75

Comment trouver un Mari

après la Guerre

MARIE LAPARCERIE

Comment trouver un Mari après la Guerre

> « C'est doubler sa force in-
> dividuelle que la maintenir
> en contact permanent et avec
> le passé national, et avec ce
> rameau de la race qui s'ap-
> pelle la famille. »
>
> MARCEL PRÉVOST

ALBERT MÉRICANT

ÉDITEUR PARIS

29, Avenue de Châtillon, 29

Comment trouver un Mari après la Guerre

CHAPITRE I

« Le mari était hors de prix avant la guerre, mais après !... »

Ecrit un humoriste, sous un dessin représentant une jeune fille et une vieille fille qui se regardent, consternées.

Il est malheureusement vrai que l'époque glorieuse dont nos époux, nos frères, nos fiancés, sont actuellement les héros magnifiques, aura absorbé par milliers, des existences qui nous furent chères, et que le mariage des femmes françaises sera, pour chacune d'elles, un problème difficile à résoudre.

Or pourquoi s'en défendre ? Il n'y a là rien que très louable : le mariage est le souci constant de toute jeune fille, secrètement avertie qu'en dehors de lui, il n'y a pas de bonheur possible ; persuadée, par son bon sens, qu'on n'a rien inventé de mieux pour sa sécurité : ni dans les contes bleus où, cependant, les fées vivent dans une perpétuelle félicité ; ni dans les romans réalistes où, sous le couvert de la psychologie, les écrivains nous montrent des héroïnes trop aimées qui sombrent, à la fin du livre, dans quelque dénouement fatal.

« Le mariage est, sans contre-dit, l'état de perfection sociale » assure, lui-même, le vainqueur d'Austerlitz, car il fut un penseur à ses heures.

Quoiqu'aient pu dire de la femme et de la race françaises nos ennemis extérieurs — l'on devine dans quel but — nous savons bien, nous, qu'il n'est pas de peuple plus moutonnier que le nôtre.

Dans ce pays, où l'on parle si haut de l'émancipation féminine, où des « éclaireuses », plus hardies que leurs timides sœurs, osent lutter d'intelligence et d'initiative avec les hommes, est-ce qu'une veuve, une divorcée, une célibataire, peuvent être vues seules au théâtre, au café, voire au restaurant, sans en être, elles-mêmes, gênées et sans attirer l'attention ou éveiller la malignité publique ?

En réalité, cette française *légère et indépen-*

dante, dont parle l'étranger circonvenu, préfè-
rerait souffrir mille morts, que d'aller s'asseoir,
par exemple, à la terrasse d'un café, quand personne ne l'accompagne.

Qui de nous, Mesdames, Mesdemoiselles, n'a
éprouvé qu'il en était ainsi !

Je sais certains parents timorés qui considè-
rent que travailler est, pour la femme, une déchéance ; et quand leurs filles, plus vaillantes, se décident, contre leur gré, à secouer le joug, vous
voyez celles-ci, comme pour s'en excuser, être
plus jalouses de leur réputation, que maintes jeunes filles, mieux défendues par le rang social
qu'elles occupent, la situation élevée de leur famille, leur richesse...

J'ai parlé tout à l'heure des « éclaireuses »
qui élèvent le flambeau du féminisme, pour marcher vers un Idéal ou vers une Idée, quand ce
n'est pas, tout simplement, pour se frayer le che-
min dans leur carrière.

Voulez-vous mon avis ? A l'exception de quelques unes d'entre elles à qui la fortune assure une
force, et qui luttent — véritablement celles-là —
pour améliorer le sort de leurs sœurs moins favo-
risées, la plupart des autres n'a vu et ne voit dans
cette évolution de la femme, qu'un moyen de plus
pour conquérir l'homme.

Blaguez, messieurs, blaguez le féminisme...
Ah ! que vous êtes peu subtils !...

Le féminisme !... Mais c'est la plus grande
preuve d'amour que nous vous ayons jamais don-
née. Et croyez-vous que le moyen nous séduise tellement, surtout à nous, les isolées, et que nous
ne préfèrerions pas une vie plus conforme à nos
goûts ?...

C'est vrai, vous ignorez nos retours, le soir, au
foyer désert ; et combien peut peser lourdement
sur nos épaules, qui restent faibles, la solitude de
certains jours de fête trop ensoleillés ; et à quel
point un cœur de jeune fille peut s'étrécir d'envie
devant un bel enfant qu'une maman embrasse ; et
quel secret désir de vous plaire et de vous retenir,
peut cacher le sourire intelligent, la poignée de
main « honnête homme » de la femme forte que
vous saluez, et qui s'éloigne — l'allure décidée
le regard droit, désintéressée, semble-t-il, de tout
ce qui n'est pas ses occupations, son travail.

Il n'y a pas de femme forte ; il n'y a pas de
vierges fortes... Il n'y a que des créatures qui s'ef-
forcent à le paraître — par nécessité plus souvent
que par plaisir — et qui se révèlent plus ingé-
nues que toute autre, plus éperdues de douceur
et de tendresse, dès qu'un cœur masculin daigne
se donner la peine de les conquérir.

« En cherchant la gloire, fait dire Mme de Staël à Corinne, j'ai toujours espéré qu'elle me ferait aimer. »

Rappelez-vous encore le joli sujet de ces mêmes *Eclaireuses,* la pièce de Maurice Donnay.

L'héroïne, après s'être vouée à la cause du féminisme revient à l'amour. Elle est sur le point d'épouser l'homme qu'elle aime... Au dernier acte, elle va chez lui, et reste un moment seule en scène : elle regarde, avec un plaisir attendri, ce cadre, ces meubles, ces objets qui seront les siens... Alors, elle tend, vers eux, ses bras qu'elle ramène ensuite sur son cœur, dans un geste qui s'extasie, et prend possession, et révèle le sentiment de sécurité que l'on éprouve, après un danger, en abordant au port.

Quelle trouvaille que ce geste, si féminin, qu'il semble qu'un auteur femme seul aurait pu le concevoir et l'indiquer !

J'imagine qu'il a dû émouvoir bien des écouteuses chaque soir, dans la salle.

C'est qu'il synthétise à lui seul la secrète idée tapie sous ce grand mot de féminisme... Il en est le défi — et la revanche !

Mais si la femme éprouve ainsi le désir raisonné autant qu'instinctif, de se rapprocher de l'homme, c'est qu'elle cède, vraisemblablement, en dehors de toute sentimentalité, à des considérations d'ordre plus matériel.

Il lui est difficile, je le répète, d'évoluer seule.

Tout la condamne d'avance, tiraillée qu'elle est en tous sens : tour à tour tentée par le désir d'échapper à la solitude, et de ménager, le terrible, le menaçant, le féroce qu'en dira-t-on.

Si surmontant l'angoisse et le tourment de son cœur solitaire, elle se résigne à être cette vierge forte que défend sa volonté toujours en éveil, elle risque, elle peut craindre en tout cas, de laisser passer le matin vermeil de sa jeunesse pour se retrouver seule au seuil de la nuit... Si, au contraire, elle cède, un jour, à l'appel séduisant de l'inconnu : une seule aventure et, aussitôt, la voilà tarée.

Ne dites pas non ! Ah ! la légèreté de la femme française !... Ça m'a toujours fait rire !... Plus d'une y réfléchit avant que de s'y risquer...

Derrière les rideaux confortables de sa maison chaude et égoïstement fermée, ce juge intransigeant que nous sommes tous, observe.

Or, ayant peu voyagé — le sort considère sans doute que nulle part je ne serais mieux que sous le ciel fleuri de France — donc, ayant peu voyagé, je ne connais pas grand chose à l'esprit et

à l'état d'âme des autres peuples. En revanche,
j'ai observé le mien. Eh bien, penseur, homme
d'action, intellectuel, savant, artiste, artisan ou
simple ouvrier, il est bourgeois, terriblement
bourgeois... à désespérer de jamais le débourgeoi-
ser, en dépit des efforts de certains de ses con-
temporains pour l'arracher à sa routine.

J'en vois la preuve dans la réponse que me fit
une femme de lettres.

La vie lui fut longtemps difficile ; enfin, elle
a fait, il y a deux ans, un mariage heureux.

Elle a deux filles d'un premier lit. Et comme
je lui demandais :

— Qu'allez-vous en faire ?... Des littérateurs,
des artistes ?...

Elle s'exclama, pressée de s'expliquer :

— Ah mais non ! Je m'emploierai de mon
mieux à les marier très vite... Qu'elles soient
donc, le plus tôt possible, de jeunes mamans !...
La vie de famille, le retour aux traditions voilà
ce qu'on peut espérer de mieux pour ses enfants,
quand on a fait, soi-même, la rude expérience du
travail.

— Cependant, objectai-je, l'art... les satisfactions intellectuelles ?...

Elle m'interrompit, et souriante :

— Vous connaissez nos rues encombrées de

Paris, à certaines heures du jour !... J'adore passer au milieu des voitures... J'ai le chic, je vous assure, pour les frôler, les éviter, me glisser et me retrouver saine et sauve sur l'autre trottoir... Eh bien, je mourrais de frayeur si je voyais mes filles se livrer à une pareille fantaisie... et quand elles sont près de moi, je deviens provinciale... je n'avance plus, je rétrograde plutôt... Voilà !...

— J'ai compris.

Il est certain que la femme est, et sera longtemps encore, victime des lois et de la société, de la morale établie d'après les coutumes, et que, pour faire face aux unes et aux autres, il n'est, pour elle, qu'un moyen : s'assurer la protection légitime de l'homme... La jeune fille comprend d'instinct cette nécessité.

En outre, une sorte de déchéance semble rejaillir — très injustement du reste — sur celles que le sort a vouées au célibat.

La femme qui n'a été ni épouse ni mère est, si j'ose dire, presque répréhensible à nos yeux, comme si elle avait volontairement évité les devoirs de l'amour et de la maternité ; tandis que le plus souvent elle porte en elle, au contraire, le regret déchirant d'avoir été frustrée de ces obligations par les circonstances, le manque de grâce ou de fortune.

Je n'ai jamais très bien compris pourquoi Balzac parle avec tant d'âpreté des vieilles filles.

« Ces êtres, écrit-il, ne pardonnent pas à la société leur fausse position parce qu'ils ne se la pardonnent pas à eux-mêmes. Or, il est impossible à une personne, perpétuellement en guerre avec elle, de laisser les autres en paix, et de ne pas envier leur bonheur. »

Sans doute, il y a du vrai dans cette remarque du génial écrivain ; mais, pourquoi ne pas atténuer la tristesse de cette constatation par un peu d'indulgence ; pourquoi ne pas rappeler ici que, malgré tout, le destin pèse lourdement sur nous, et s'immiscie jusque dans notre volonté de lutter contre lui et de nous évader des limites étouffantes, dans lesquelles, tyran cruel — il nous ramène irrésistiblement, et nous tient.

Pour moi, chaque fois que je me trouve en présence d'un de ces êtres « qui ne pardonnent pas à la société leur position fausse » je reste mélancolique et rêveuse comme devant un fait illogique et cruel — injuste quelles qu'en soient les causes...

« Leur regard est oblique moins par modestie que par pudeur et honte... »

Eh bien !... Je songe, apitoyée, que ce regard est peut-être d'autant plus oblique, que le cœur a eu d'élans et d'enthousiasmes, à vingt ans !...

Mais enfin plaindre n'est pas remédier à un mal, et nous ne pouvons changer l'opinion de Monsieur *Tout-le-Monde*. Nos jeunes filles le savent bien, car la lutte pour le mari fut toujours très âpre entre elles.

Elle le sera davantage quand reviendront, le front auréolé de gloire, les héros de la plus grande épopée à laquelle Dieu et les hommes aient jamais assisté.

Mais, même si vous réussissez, — l'amour vous favorisant entre toutes — à saisir dans vos lacs cet oiseau rare que sera le mari après la guerre , il vous restera une difficulté non moins grande à résoudre : le retenir.

Autour de vous, vos jeunes amies, celles-là qui, le jour de vos noces, auront papillonné, à vos côtés, en robe rose ou bleue, multiplieront leurs pièges de séduction, dans le but assez compréhensible de vous imiter et de trouver comme vous « acquéreur ».

Je veux bien ne point les suspecter, surtout ainsi à l'avance, de former de mauvais desseins contre votre bonheur.

Néanmoins, je vous crie déjà : casse-cou. Votre époux pourrait bien, comme tout autre, se laisser prendre à leur amoureuse tactique... Et le choix ne sera pas si grand qu'on ne se contentera point d'un divorcé.

C'est dire que le même écueil menacera aussi les épouses légitimes. L'amour rôdera autour des maris sous les tentatives les plus diverses, et les ménages déjà consacrés par le temps ne seront pas à l'abri, eux non plus, des surprises et des cataclysmes, si la femme ne se fait elle-même la gardienne avertie de son foyer.

Donc, lutte avant le mariage, lutte après ; lutte entre les vierges sages, lutte entre celles-ci et l'épousée, à peine initiée, et par cela inexpérimentée ; lutte entre la jeune fille parée de l'éblouissante jeunesse et la jeune mère qui, pourtant, pourrait se croire invincible près des berceaux douillets.

La guerre des tranchées finie, une autre commencera qui aura bien ses victimes, ses flèches empoisonnées... aussi ses doux triomphes.

Tant pis pour les plus faibles : la victoire restera aux plus habiles ou aux plus avisées...

Et c'est pourquoi nous, qui, déjà plus âgée, avons fait de la vie la rude expérience, désirons que cette connaissance serve au moins aux jeunes cœurs ouverts, comme l'était le nôtre, à la tendresse et à l'amoureuse bonté.

Nous allons tâcher, dans cette brochure, de les aider de nos conseils.

Nous aurons atteint notre but si, à la fin du livre, notre lectrice se sent mieux armée pour cette double bataille qui se livrera bientôt, chaude, ardue, décisive : attirer le mari d'abord, le garder ensuite.

CHAPITRE II

Le nombre des élues sera restreint, nous l'avons dit.

Il faudra donc, avant toute chose, *vouloir* être soi-même parmi ces élues.

La volonté est une force irrésistible contre laquelle viennent se briser les difficultés, en apparence les plus insurmontables... Elle réduit à néant les questions d'argent, de milieux, d'intérêts... Elle pare la laideur d'un charme piquant, inspire à la plus timide, le regard, les mots, qui décident, tout à coup, de son bonheur.

Que cette idée : « je veux me marier » vous poursuive partout : dans les plaisirs innocents que vous prenez aussi bien qu'aux heures plus graves du travail ; qu'elle renforce en vous, le désir instinctif qu'ont la plupart des femmes, de rester honnêtes, parce que c'est, au fond, bien plus facile et bien plus sûr ; qu'elle inspire vos mouvements, vos paroles, afin qu'une saine gaîté s'allie, en vous, à une certaine réserve.

Attirer *sans inquiéter,* tout est là...

Combien qui, dans leur impatience à réaliser un rêve naturel et légitime — impatience touchante en somme — dépassent la mesure, en éveillant la méfiance des épouseurs par une excessive coquetterie.

Je ne les ai jamais tellement blâmées, ces flirteuses !...

Je sais si bien que beaucoup n'ont d'autre intention, sous l'œillade provocante et les allures décidées, que de conquérir le mari, pour vivre auprès de lui, bourgeoisement.

Je les ai plaintes plutôt, les jugeant leur propre victime, chaque fois que j'en ai vues manquer ainsi le but, par excès de zèle.

Je ne saurais trop vous recommander de ne pas attacher une importance exagérée à la question taille, élégance, physique. La beauté n'est pas indispensable à l'homme ; et, pourvu qu'une mâle figure respire l'honnêteté et la bienveillance, tenez-vous pour bien servies.

Du reste, la laideur est parfois sympathique.

Je vais plus loin : chez un homme, veuillez me faire cette concession, je la préfère, quant à moi, aux traits efféminés ou trop réguliers.

J'ajouterai que la laideur est comme la beauté, comme tout ici bas, une affaire d'habitude.

Les gens, les objets familiers, le décor où nous vivons, et même les rues et les maisons de notre ville, prennent, avec le temps, une « physionomie » qui n'est pas celle qu'ils avaient au moment précis où ils se sont présentés à nos yeux, ou que nous retrouvons en eux, par la suite, après une absence.

Il semble de même, qu'un voile s'interpose entre nous et les visages que nous voyons fréquemment, pour atténuer leur charme ou leur manque de grâce.

A contempler chaque jour une jolie femme, on est moins frappé de sa beauté : « Il n'est rien de si grand, rien de si admirable, dit Lucrèce, le poète latin, que, peu à peu, l'on ne regarde avec moins d'admiration. »

Par contre, à vivre continuellement près d'un mari d'apparence médiocre, on en oublie les défauts physiques.

Et puis, je serai franche : en vous conseillant l'indulgence, c'est à vous que je pense et non point aux maris ; c'est votre intérêt qui me guide plus que le leur... Entre deux maux, prenons le moindre : mieux vaut, convenez-en, un époux imparfait que l'insaisissable prince de vos rêves.

Celui-là est peut-être charmant avec ses belles manières et sa figure avenante. Il n'a qu'un défaut, mais capital ! celui de ne loger que dans vos cervelles. Restez-lui fidèle : il se moquera de vous, au point que vous vous retrouverez trahie par lui, abandonnée de tous, à l'âge où, le visage déjà marqué et le teint bilieux, on soupire avec regret : « Si j'avais su ».

Imaginez ceci : vous dédaignez aujourd'hui un amoureux que vous rencontrez quelques années plus tard, heureux auprès d'une épouse...

Complétons le tableau : un enfant les accompagne.

Quelle amertume pour vous, si vous n'avez que la solitude de votre cœur à opposer à cette aimable apothéose ! Car un sentiment très humain nous porte à regretter ce que nous ne sûmes pas saisir, quand nous nous apercevons que d'autres ont su s'en accommoder.

Si les jeunes filles promptes à dire « non » sous le prétexte futile qu'on est « laid », ou « mal tourné », ou « lourd d'allures », s'inspiraient de ces pensées avant de répondre, beaucoup, je gage, n'auraient pas à déplorer, plus tard, une vie incomplète et gâchée.

Il faudra y réfléchir, mesdemoiselles, après la

sanglante partie d'échecs que joue le monde en
ce moment.

Dans une conférence que fit Jean Richepin sur
la *Marseillaise,* avec cette éloquence persuasive
et cet enthousiasme communicatif qu'on lui connaît, le poète de la *Mer* et des *Blasphèmes,* expli-
quait ceci :

« Au moment où les armées allemandes s'avan-
çaient sur Paris, le Kronprinz et son état-major,
exaltés par la joie... un peu trop prématurée, de
la victoire, s'arrêtèrent pour faire un festin « Ko-
lossal ».

« Naturellement, il leur fallut de ce vin d'am-
broisie qui nous vient de Champagne.

« Or, celui-ci n'entend pas subir le joug étranger, aussi leur joua-t-il un tour de sa façon : il
enivra si bien le prince royal chef et son état-major, que tous, étourdis, assommés, — cela s'appelle, que mes gentes lectrices me pardonnent,
cuver son vin — roulèrent sous la table... ce
pendant qu'il aurait fallu rouler ailleurs. »

Et voilà comment les poètes *écrivent* l'histoire
pour le plus grand régal de ceux qui les écoutent.

C'est le même qui contait encore l'anecdote
suivante :

« Dans nos pays envahis, un officier prussien

ordonne à un de nos paysans d'ensemencer sa terre. Et lui, de répondre, avec cet air ni figue ni raisin qu'ont nos rusés madrés de campagne :

« Oh ! j'veux ben, moé... Seulement c'est peut-être ben elle qui voudra pas produire... »

Le conférencier n'eut pas besoin de donner de plus amples explications : ses mots et sa pensée avaient dépassé la rampe, et, jusqu'aux tout derniers rangs des fauteuils, nous électrisaient tous.

Donc il est entendu que la France est la fille préférée des Dieux...

Il est entendu que nos côteaux et nos clochers, nos blés et nos champs, nos cours d'eaux, notre vin clair de Bourgogne, et celui-ci, plus pétillant et couleur de topaze, ont, comme vous, comme moi, l'âme, le cœur, l'esprit français...

Il est entendu que notre terre retournée, bouleversée, déchirée par le fer et par le feu, opposera toujours à l'envahisseur qui la convoite « le miracle » par quoi elle finit toujours par triompher.

Je crois qu'une France nouvelle et grandie naîtra des heures que nous vivons...

Je crois que, purifiée par l'héroïsme de ses fils, ramenée au sens de la vertu et du beau, elle se tournera plus volontiers, désormais, vers ce qui est moral et sain.

Il se pourrait alors, que la demoiselle pimpante et provocante des bals et des villes d'eaux fut « mal portée ».

Je ne dis point que l'amour cessera d'être aveugle ; du moins, verra-t-on aussi le mérite et la réserve triompher souvent.

Nos héros qui auront frayé avec la mort si longtemps, et dont beaucoup reviendront fatigués, blessés ou mutilés, dans notre beau pays, enfin reconquis, auront le désir impatient de se réfugier près de la femme, de goûter à ses côtés, la tendresse dévouée qu'elle leur dispensera.

C'est dire qu'ils éviteront l'inconstante et la coquette, pour tendre leurs mains vers des fiancées susceptibles de leur assurer la quiétude que, là-bas, dans leur enfer, ils escomptent, déjà, j'en suis sûre.

Adoucissez votre voix, vos regards, vos gestes, naturellement doux, pour conquérir ces grands enfants qui auront l'âme endolorie des malades.

Qu'ils pressentent en vous, la future épouse, consciente de sa tâche, et non point l'évaporée qui ne voit dans le mariage que le moyen de s'arracher à la tutelle des parents, pour s'affranchir près du mari.

Qu'ils soient aussi confiants en votre naturelle honnêteté.

L'idée d'être trahis par leur femme fut de tout temps la terreur des époux. Même quand ils n'ont plus pour elle qu'un sentiment d'amitié, voire d'indiflérence, tout leur être se révolte contre la suprême injure ; quand ce n'est pas l'amour qui proteste en eux, c'est l'égoïste sentiment du propriétaire se sachant volé.

Plus que jamais, je crois, les fiancés seront désireux de s'attacher une compagne de tout repos et diront avec Henry Bataille :

« On dit que l'idéal du mariage est de ne faire qu'un... Toute mon ambition à moi est de ne faire que deux. »

Les filles d'ouvriers, habituées, dès le berceau, à l'idée du travail, prennent tout naturellement un état.

Les jeunes filles appartenant à des familles bourgeoises ou ruinées, le font moins aisément, guidées en cela par leurs parents mêmes :

« Notre fille est jolie, gracieuse, nous avons des relations, nous arriverons à la placer. »

Les voilà, ceux qui ont la faiblesse de considérer le travail comme une déchéance !

J'ai observé que c'est surtout dans les familles de bourgeoisie récente que se rencontre le plus ce travers... Qu'ils interrogent leur mémoire cependant !... Qu'ils regardent autour d'eux, parmi leurs proches : il doit bien y avoir quelque cousin ou quelque vieille tante venus à Paris en corsage de pilou, ou en habits de toile.

Et comme ils ont tort, dans l'intérêt même de leurs enfants, de raisonner de la sorte !...

Encore que j'aie parlé plus haut de la méfiance de ces esprits arriérés devant les femmes exerçant un métier, c'est, cependant, parmi celles-ci que, de plus en plus, les hommes choisissent leur compagne. Ils les préfèrent aux désœuvrées qui n'ont d'autre fortune que leur beauté, et les habitudes de luxe prises pour parer cette beauté, en vue de capter les épouseurs.

Tant de carrières s'ouvrent aux femmes, par surcroît, qu'il vous est facile d'en choisir une, dont l'élégance vous relève à vos propres yeux et vous distingue de la classe ouvrière, si tant est que vous mettez votre orgueil à en être distinguée.

Il est vrai, le rôle naturel de la femme serait de rester au foyer ; mais, puisque il convient de le créer avant tout et qu'on y parvient plus sûrement par le travail, à défaut de fortune, il n'y a qu'à considérer celui-ci comme un moyen transitoire dont on peut tout espérer, ainsi que je l'ai expliqué au début.

Et puis, malgré les préjugés établis, les considérations erronées dans lesquelles on s'obstine encore, l'esprit français n'en est pas moins ouvert aux idées nouvelles.

Une femme avocat, une femme médecin, éveillent autour d'elles une sympathie qui n'empêche pas la considération.

Il n'y a donc pas à craindre que le fait de suivre une carrière jette un discrédit sur votre moralité, à condition, bien entendu, que vous ne donniez pas lieu à la médisance de s'aiguiser sur vous.

Une jeune fille qui veut se garder, trouve partout le moyen de le faire ; et quand elle porte vraiment en elle l'esprit d'honnêteté, elle sort indemne de la flamme qui peut la surprendre et l'éblouir un instant, mais qui ne l'atteint pas.

A quoi vous aura servi toute votre sagesse au contraire, si, ayant tenu à l'affirmer en restant inactive et bien gardée près de vos parents, vous vous retrouvez, ceux-ci morts, seule, et ni assez fortunée pour éviter une existence mesquine, voisine de la gêne, ni assez expérimentée pour utiliser votre intelligence ou vos doigts.

Il faut vous convaincre également que, dans le

cas où la destinée vous réserverait de vieillir sans époux, c'est encore par le labeur quotidien que l'on est le plus susceptible d'atténuer ou d'enrayer les inconvénients du célibat.

Une femme qui gagne sa vie et, à plus forte raison, qui la gagne largement, est toujours à même, d'ailleurs, d'attirer le mari.

Je prévois vos objections : « Eh quoi ! L'on m'aurait laissée de côté parce que j'étais sans fortune, et l'on me rechercherait plus tard, à cause de ma situation acquise. »

Et pourquoi pas !... Et qu'est-ce que cela peut vous faire, du moment que vous y trouvez votre satisfaction ou votre avantage ?...

Votre partenaire y gagne-t-il plus que vous ? Tant mieux, c'est une façon comme une autre de vous l'attacher. Et de quel droit voulez-vous à tout prix que ce soit plutôt vous qui, en vous mariant, réalisiez la bonne affaire...

Les jeunes filles que l'on épouse « pour leur argent » ne font pas tant de manières, et elles n'ont pas tort : l'intérêt ne tue pas forcément la sympathie ou l'amour... Souvent il les provoque. Il y a des mariages heureux parmi ceux basés sur des questions de chiffres... Les jeunes gens font bien de choisir, quand ils le peuvent, des fiancées dotées. Ne soyons pas injustes : il y a partout des jeunes filles charmantes... même dans les milieux fortunés.

Allez la vie est courte : courez au plus pressé qui est de ne pas laisser passer l'occasion, à quelque heure qu'elle se présente, de réaliser un bonheur normal et permis.

Je sais aussi que la fougue impatiente de vos vingt ans, fait fi en ce moment, de ce mari qui pourrait ainsi survenir si tard :

« Je m'en désintéresse... »

Outre que je n'écris pas ce livre seulement pour vous, jeunes filles, mais que je vise à un public féminin plus étendu, je puis encore vous répondre qu'avec le temps, on revient de ces intransigeances.

Lorsqu'une femme n'a plus les aspirations lyriques de la prime jeunesse, ne croyez-vous pas que toute velléité sentimentale soit morte en elle.

Même parmi les résignées, laquelle oserait affirmer, sans se troubler, que le rêve de ses vingt ans ne sommeille pas dans son cœur — celui-là un peu engourdi, c'est vrai, un peu las et désespéré d'attendre !...

Elle doit s'avouer à certaines heures, qu'il lui serait bon de vivre près d'un compagnon amical et affectueux — sans plus. L'idée a changé de nom, mais, au fond, elle est la même : c'est une autre forme de l'amour que l'on réclame : c'est l'affection, c'est l'amitié.

Et l'on a raison !

Il est vrai que dans l'ivresse des jeunes années, nous pensons que l'on ne peut être heureux sans l'exaltation et sans enthousiasme...

La musique qui se tait soudain, la fleur qui meurt, le soleil qui disparaît à l'horizon et marque la fin d'un beau jour, la beauté qui chaque jour se désagrège, l'amour qui s'effrite et fait de la fiancée resplendissante d'hier l'épouse plus effacée... tout est décevant !... Tout, jusqu'à l'instant où l'on s'aperçoit que l'on peut faire son bonheur de plaisirs plus simples : que le retour innocent des saisons, la succession monotone des matins, la douce clarté de la lampe qui prolonge les soirées d'hiver, la flamme claire de la cheminée où l'on vient réchauffer ses membres moins agiles... ont leur charme.

Des facétieux ne manqueront pas de souligner ici qu'il n'y a plus de cheminées depuis qu'il y a des calorifères... A tant de figures de rhétorique, j'ajoute, moi, celle-ci : le mot pour l'idée.

Admirez d'ailleurs quelle bonne volonté l'homme apporte à se rendre heureux quand même et malgré tout.

Vous le voyez, dès l'adolescence, surexcité

d'abord par de grands désirs d'ambition, de gloire, de fortune... Quel monde assez puissant, assez insaisissable pourrait se mesurer avec la force qui le possède, le soulève, le pousse, et le multiplie !

Le pas sonore, le poing fermé, la tête haute, il est ce gladiateur qui connaît la sureté de ses coups...

Laissez passer quelques années... Le voilà qui limite son bonheur à la partie de pêche des dimanches, à la tasse de café bien sucrée qu'il prend chaque jour, à la joie d'élever son verre aux solennités de famille qu'il préside...

Bref, il n'aspire plus qu'à être un brave honnête homme.

Déjà, il s'achemine, sans révolte, vers l'âge plus tranquille où la femme comme l'homme commence à philosopher.

Philosopher, c'est s'apprêter à mourir assurent Cicéron et Montaigne. Et pour une femme, s'apprêter à mourir, c'est mourir de toutes les façons... Et le renoncement à la beauté doit être plus pénible que l'autre...

A ce moment surtout, elle goûte le charme d'avoir un compagnon à ses côtés.

En réalité, jamais il ne lui fut plus nécessaire.

J'ai maintes fois constaté que, le désespoir

d'une femme âgée qui perd son mari, a quelque chose de plus poignant que la douleur d'une jeune veuve.

Chez celle-ci, c'est de l'emportement, de la souffrance exaltée. On croit reconnaître, dans l'autre, l'angoisse et l'effroi du tout petit qui voit partir sa mère et s'affole, de l'aveugle qui serait condamné à marcher seul.

Donc, s'il est vrai que la présence du mari n'est jamais plus précieuse à une femme que dans l'automne et à l'hiver de sa course, ne le dédaignez pas, à quelque heure de votre vie qu'il puisse survenir.

Je conviens que la question maternité n'est pas secondaire ; lorsqu'une femme n'a pas d'enfant, pour s'être mariée trop tard, il y a là une cause légitime de regret.

Mais enfin si tel est votre destin, vous n'y pourrez changer grand chose. Autant vous rebeller parce que vous vous voyez blonde et non point brune, petite au lieu de grande, ou que vous n'êtes pas la femme en vue dont le nom remplit les feuilles quotidiennes des journaux.

Fais énergiquement ta lourde et longue tâche
Dans la vie où le sort a voulu t'appeler.

Ceci acquis, elle me plairait assez la crânerie

de la femme qui,ne se laissant rebuter ni par l'attente ni par les difficultés, avouerait poursuivre son but quand même : s'obstiner dans la recherche de ce mari qu'il lui faut disputer comme un autre bien terrestre : comme la fortune, la gloire ou le bonheur, que certains n'acquièrent qu'au prix de lents efforts !...

Oui, elle me plairait, cette femme qui serait assez courageuse pour se tenir ce raisonnement :

« L'on me méconnait, l'on passe sans soupçonner ou sans vouloir comprendre tout ce que contient mon cœur de généreux... Soit, attendons... Après tout, les années de force et de jeunesse nous ont été données pour que nous nous rendions utiles. Seuls ont le droit de réclamer le repos ou de se plaindre qu'ils n'ont pas réalisé leur rêve, ceux dont la taille et le front se sont longtemps courbés sur la peine... Alors, au travail !...

« Ainsi résolue, je marcherai vers le point que je vise... Qu'importe un peu plus tôt ou un peu plus tard, pourvu que j'y parvienne. La grande affaire n'est-elle pas de préparer l'avenir, c'est à dire, hélas, notre vieillesse... et de la préparer de toutes façons, afin que notre cœur ait chaud comme notre corps.

Et même si l'injuste destinée me refuse à tout

jamais la récompense que j'escompte — ce foyer auquel une femme aspire comme à l'air et à la lumière — du moins je la défie de me voler l'illusion et l'espoir qui vont m'aider à parcourir la route... »

Celle-là, ô lectrices, accepterait sans scrupule et sans fausse honte le fiancé, même s'il venait tard, même s'il cédait, non seulement à un secret penchant, mais aussi à une attirance plus intéressée.

Et ne dites pas que cette femme serait ridicule, je la trouverais touchante.

Et ne dites pas que cet être d'exception n'existe point.

Tout existe !... Et c'est dans ce grand Paris tumultueux, tourmenté et brûlant, dans ce Paris où la jeune fille qui lutte et se défend, le fait en connaissance de cause, c'est là que poussent les fleurs les plus rares et les plus exquises.

Mais enfin ne soyons pas trop pessimistes. Supposons que le travail vous serve très vite selon vos souhaits.

Il en résultera à votre foyer un accord solide et durable ; car l'époux trouvera en sa femme, dont l'intelligence et la volonté d'initiative auront été développées par l'action, une aide qui ne pourra qu'augmenter sa tendresse, et peut-être une collaboration précieuse, pour peu que vos carrières, à tous deux, soient susceptibles de se servir ou de se compléter.

En dehors de ces considérations, ne perdons pas de vue, que les hommes ne seront embarrassés, quant au choix d'une épouse, que par le nombre.

Mettez de votre côté le plus de chances de leur plaire ; et, fussiez-vous jolie, eussiez-vous quelque fortune, ajoutez à votre couronne ce fleuron : une carrière acquise par vos efforts personnels.

On vous saura gré de n'avoir pas trop osé compter sur les avantages naturels que vous donna votre naissance... Et puis, même lorsque un mari est désireux que sa femme s'attache exclusivement au foyer, il n'est pas fâché de savoir que, le cas échéant, elle pourrait se tirer d'affaire seule.

Il est en tout cas flatté qu'en l'épousant, elle n'ait pas été guidée par l'unique souci de s'assurer la matérielle.

La tâche sera toujours plus aisée, il faut en convenir, pour les jeunes filles ayant une dot importante. Je pense toutefois que leur ambition ne se borne pas à être « casée », et qu'elles aspirent à « être choisie », tout comme d'autres sans fortune.

Or, je réfléchis que les bals sont fermés manque de valseurs ; que l'on ne sort plus ; que l'on s'habille à peine ; et, qu'au total, toute distraction fait défaut. Les heures doivent paraître longues à ces futures « petite madame » qui n'ont pour toute occupation, que de se laisser vivre.

Pourquoi ne prépareraient elles pas l'avenir elles aussi ? On a beau payer très cher, on n'est jamais parfaitement servi.

Qu'y aurait-il de déshonorant, par exemple, à apprendre soi-même la cuisine, ne fut-ce que pour avoir ses recettes à soi, et les indiquer à ses domestiques .?...

En quoi serait-ce déchoir que de guider la femme de chambre, occupée à des travaux de couture, si l'on avait appris soi-même à tailler une robe d'enfant, à manier les dentelles et les étoffes légères ?...

« Que m'importe à moi, me disait un jeune homme, qu'une fiancée m'apporte trente mille francs de rentes, si elle en absorbe le double, et si ma propre fortune, ou mon travail, ne suffit plus à équilibrer notre budget. »

C'était parler sensément.

Que Jenny, Lucie Hamar, Hellstern, soient

les fournissenrs attitrés de madame ; que monsieur ait, lui aussi, les meilleurs faiseurs pour ses vestons et gilets ; que bébé paye dix ou quinze louis chez Marindaz le moindre « amour de vêtement » ; que d'autre part, le luxe de la maison corresponde à l'élégance des maîtres ,et voyez ce que peut coûter un pareil train de vie.

Seules les grandes fortunes y peuvent suffire ; les autres sont tenues de compter, ou bien sont infailliblement appelées à disparaître.

Une de mes amies, jeune, charmante, et je crois, à tout jamais à l'abri du besoin, grondait si justement sa cuisinière devant moi et lui indiquait, avec une telle précision, ce qu'elle aurait dû faire pour la réussite d'une pièce de pâtisserie des plus compliquées, que je ne pus m'empêcher de marquer ma surprise.

Mon amie se mit à sourire :

« Mais je suis un premier prix de cuisine, me dit-elle. »

Je compris du coup.

Le mari, qui est un gourmet, apprécie fort le talent de sa femme. Je ne dis pas que ce talent la lui rend plus chère — quoique je n'affirme pas non plus le contraire — mais je remarque maintenant qu'il ne dissimule pas sa satisfaction au moment des repas.

Ah ! Comme cette guerre peut préparer admirablement, le rôle futur des femmes au foyer !...

Et quel meilleur moyen d'attendre ces fiancés, ces époux qui combattent là-bas, que d'échafauder déjà leur bonheur ?

Je voudrais que les jeunes filles allassent au mariage comme au sacerdoce : avec toute leur âme et toute leur bonne volonté. Les Français de votre génération en sont dignes, mesdemoiselles, comme ils sont dignes de votre amoureuse admiration.

Celles qui auront cette sincérité mériteront d'être choisies entre toutes... Et elles le seront !... Parce que je crois en l'efficacité des armes que je conseille, et parce que, quoiqu'on dise, il n'y a pas d'effort perdu : le hasard, les circonstances finissent par nous servir selon nos efforts.

Et quel plaisir plus tard, une fois le calme revenu, les nids formés, de dire à l'époux, ravi de découvrir en sa femme tant de trésors réunis :

« Eh bien oui, tandis que tu étais au feu, je me préparais à te faire une existence heureuse... J'apprenais à t'aimer *intelligemment*... toi que je ne connaissais pas... Et c'était bien le moins, puisque, à travers l'idée de ton devoir et de ta patrie, tu exposais ta vie pour moi... que tu ne connaissais pas. »

CHAPITRE III

Et maintenant, supposons votre beau rêve réalisé !...

Les fleurs blanches sont fanées, les lumièresde l'autel éteintes, l'ivresse des premiers jours passée.

Vous voici solidement, vous le croyez du moins, installées dans votre nouvelle existence.

Solidement ?... On ne l'est jamais.

Outre qu'on voit des jeunes mariés se lasser très vite de leur femme, (nous dirons tout-à-l'heure pourquoi) qu'une coquette, qu'une amie perfide, s'interpose avec de mauvaises intentions, entre vous et votre mari, et voilà votre bonheur menacé.

Il faut se prémunir contre ces dangers fréquents auxquels tant d'infortunées doivent leurs larmes.

Toute femme devrait garder, près du mari qu'elle veut retenir, ce charme séducteur, dont elle s’appliquait à user, durant ses fiançailles,

Certaines au contraire, passent du jour au lendemain d’une amabilité extrême à une apathie qui revêt l’aspect de l’indifférence ; et l’épouse banale et sans gaîté, ne rappelle plus rien à l’époux, de la fiancée avenante qui l’avait charmé.

Il semble que la course au mari finie, le but atteint, elles n’aient plus qu’à se reposer dans une douce quiétude.

C’est encore heureux quand elles n’essayent point de faire de l’époux leur esclave ou leur jouet.

Etonnez-vous alors que celui-ci aille chercher ailleurs une consolation à sa déception.

Le mal vient souvent de l’éducation que la femme reçut au foyer paternel.

Nous savons tous de quel amour, presque exagéré, les parents français entourent leurs enfants... Et, souvent, Mademoiselle grandit fêtée, adulée, admirée comme une petite reine.

Sans parler ici des idées de luxe et de coquetterie que cette atmosphère développe en son esprit et dont le mari sera la victime plus tard, elle arrive à seize ans, à vingt ans, croyant que tout lui est dû.

Cet état d’âme fait réfléchir les jeunes gens : ils craignent de découvrir dans la fiancée qui les séduisit un soir de bal, la personne cassante et personnelle qu'ils connaissent pour l'avoir déjà aperçue près de leurs aînés mariés.

Dans un salon, où j'étais en visite dernièrement, une dame contait son chagrin de voir son fils, jeune, riche, séduisant, épouser une femme beaucoup plus âgée que lui, pauvre, à peine jolie, et laisser, pour elle, un parti des plus brillants.

— Quelle aberration le pousse donc ? s'exclama quelqu'un.

— Il me tient le raisonnement que voici, répondit la mère... Et malgré mon désespoir, je suis forcée de reconnaître qu'il y a du vrai dans ce qu'il m'explique :

« Je me méfie, me dit-il, de la fiancée que tu souhaites pour moi... Elle a été élevée dans l'adoration d'elle-même et dans l'ignorance qu'il lui faudra quelque jour rendre un mari heureux. Elle est jolie, séduisante : elle exigerait donc que je vive à ses pieds, et son père et sa mère ont été trop longtemps ses esclaves pour qu'un mari puisse espérer de l'assouplir aujourd'hui... Bref, ce ne serait pas une compagne agréable que j'aurais à mes côtés, au lendemain de mon mariage, mais une enfant gâtée, sans doute puérile, un petit être despote devant lequel je ne plierais jamais assez...

« Une femme moins favorisée sous le rapport de la fortune et aussi... de la jeunesse, est plus douce et plus conciliante... Est-ce reconnaissance, peur de nous perdre, elle s'efface devant nous, pour nous mieux aimer.

« Moi j'ai trouvé le dévouement et l'indulgence qui me rendent heureux... »

— Et mon fils ajoute, poursuivit la mère :

« Vois-tu cette sollicitude passionnée, c'est un peu la tienne... Et c'est pour cela, sans doute, qu'elle me paraît si douce, et qu'elle me plaît tant !... »

Réflexion profonde que nos femmes-enfants ne sauraient trop méditer.

Si dès leur jeune âge, elles furent choyées à souhait, le mari qu'elles se donnent ne le fut pas moins — surtout par la mère.

L'homme a toujours besoin de tendresse et d'amour
Sa mère l'en abreuve alors qu'il vient au jour...

Tel, longtemps décrété infidèle et léger, ne le fut, que parce qu'il cherchait précisément la tendresse et l'amour dont parle le poète, la tendresse et l'amour dont il fut abreuvé, enfant.

Il subsiste, dans tout homme, ce besoin d'être consolé et bercé qui, tout petit garçon le faisait, au moindre mal, se précipiter, les bras tendus, vers sa mère.

Que les jeunes mariées ne s'y trompent pas :
voilà leur première et grande rivale : la mère,
qui, lorsqu'il s'agit de son fils, ne sait rien faire
avec tiédeur, pas même apporter une tasse de ti-
sane sans la remuer avec passion...

Et cependant, disons-le à l'éloge de la jeune
fille française, malgré quelques exceptions, le mariage, même le mariage de raison, détermine le
plus souvent l'amour dans son cœur, et les maris
ne soupçonnent pas à quel point il leur est facile
de se faire adorer de leur femme.

Dans sa hâte d'aimer, celle-ci, se trouvant devant un amour permis, s'y lance éperdûment, et
l'exaltation qui la soulève, lui cache les imperfections du séducteur.

De là, son application à se rendre aimable, à
faire preuve de tendresse et d'abnégation.

Cette attitude ne manque pas de porter ses
fruits ; car, même léger, même s'il trahit, un
homme hésitera, désormais, à désorganiser son
foyer, dont une créature aimante et dévouée fait
sa raison de vivre.

Qu'avec cela les années passent, que des ché-
rubins viennent élargir le cercle familial, voici cet
époux, ce père, lié par le devoir : à moins de ces-
ser d'être un honnête homme, il n'a plus le droit,

et il le sait, de secouer le joug pour s'affranchir.

Et c'est ainsi que, tout naturellement, par la tendresse et la douceur, on prépare son bonheur, et qu'on le rend durable.

« Mais, me direz-vous, si tant de sollicitude amoureuse et tant de bonne volonté, n'empêche pas les trahisons, que devient ce bonheur dont vous nous parlez ?... Il ne nous suffit plus. »

Ici je vous arrête, car nous abordons un point épineux de cette brochure.

Aucune de nous ne veut être trompée, c'est entendu. Nous sommes en cela, semblables à l'homme ; mais, tandis que chez lui l'orgueil, l'amour-propre souffrent autant que la tendresse frustrée, c'est le cœur seul, qui, le plus souvent, supporte chez la femme, toute l'acuité de la blessure.

Que vous vous révoltiez d'avance à l'idée d'être trahie ; que vous menaciez bien haut des pires représailles ; que vous parliez de divorce *avant,* vous aurez parfaitement raison : un air de conviction sincère, peut inquièter Monsieur et le faire réfléchir sur les conséquences d'un acte qu'il peut croire irréparable.

Mais une fois la faute commise, feignez l'ignorance ou pardonnez !... Oui !... en dépit de vos protestations, de votre indignation quand vous lirez ces lignes, je vous le répète, pardonnez !...

Un auteur a dit : « Le divorce est la seule chose un peu poétique qu'une honnête femme puisse faire aujourd'hui. »

Le divorce est parfois, peut-être poétique, il n'en n'est pas pas moins fatal à celle qui le commet à tort ou à raison.

En tout cas, cette boutade spirituelle d'écrivain était discutable autrefois, mais après la guerre, le geste « poétique » de la femme s'en allant parce qu'elle est trahie ou déçue, sera une imprudence et une maladresse.

Eh quoi ! Ce mari que vous aurez tellement disputé à des rivales ; espéré dans la fièvre et l'inquiétude de ne pas le saisir ; voulu avec toute la fougue de vos jeunes années, vous le laisseriez partir de la sorte ! Vous le jetteriez en le laissant libre, dans les bras de celle qui vous le déroba et qui guette l'instant où elle pourra se substituer à vous d'une manière définitive.

Ah ! patientez plutôt... pleurez, souffrez, gémissez, mais attendez !

C'est inévitable ; votre époux se lassera tôt ou tard de votre rivale, car tout amour est destiné à mourir.

S'il est, en fait, libre de partir, rien ne le retient une fois sur la pente de l'indifférence ; il s'y

laisse glisser tout naturellement : c'est l'inconvé-
nient des unions inavouées... L'amour qui ne
peut s'évader aussi aisément du lien conjugal, se
fait une raison et tourne en amitié : c'est l'avantage du mariage.

Oubliez-vous que cette amitié fait aussi partie
du programme ! Et parce que la bonne foi de votre associé fait défaut sur un point, refuserez-
vous systématiquement les autres profits ?

Outre l'amoureux, il y a, dans le mari, l'ami,
le soutien, dont la présence vous assure une force
morale et donne à votre personne un cachet of-
ficiel de dignité.

Vous laisseriez tout cela pour vous retrouver
seule !... c'est-à-dire déchue au rang des déclas-
sées et considérée un peu comme un être incom-
plet.

Car, lorsqu'une jeune femme n'a plus, à ses
côtés, ses protecteurs naturels, le père et la mère,
on cherche instinctivement le mari. Si on ne l'y
voit pas, on éprouve à l'égard de cette solitaire
un sentiment irraisonné de méfiance.

« Une femme perd toujours dans un premier
mariage les plus beaux jours de sa jeunesse, dit
Stendhal, et, par le divorce, elle donne aux sots
quelque chose à dire contre elle... »

Dès lors, on vous marque moins de déférence,

et, dans la discussion, le verbe des étrangers, de vos amis, voire de vos parents, hausse de ton, devient agressif — parfois malveillant — parce qu'on sait bien qu'il n'y a, près de vous, aucune grosse voix, pour répondre et vous défendre.

Il faut donc le garder à tout prix, ce mari ! Et, à moins d'une impossibilité absolue, s'accomoder de ses travers et de ses défauts, plutôt que d'abdiquer ! Et le garder encore, et le garder toujours, même en dépit de ses trahisons — lâchons le mot malgré votre grimace !

Oh naturellement ! Je ne vous conseille pas d'en révéler rien aux intéressés. Ce serait par trop les encourager à mal faire.

Je vous conseillerais, plutôt, si cette brochure tombait entre leurs mains, d'élever bien haut la voix contre moi, et de me renier et de me maudire.

Mais, au fond de vous-mêmes, ne rejetez pas ces conseils aussi exorbitants qu'ils vous paraissent, avant de les avoir bien pesés.

Et tant mieux si, quelque jour, ils arrêtent votre juste colère, devant l'époux coupable par faiblesse ou par légèreté, et s'ils détournent votre esprit des résolutions brusques dont vous seriez les premières à souffrir ensuite.

Votre lot ne sera peut-être pas parmi les meilleurs ; mais, outre qu'il y a un certain héroïsme, et, partant, une sorte de satisfaction à se tenir à la place qu'il a plu au sort de nous assigner ; outre qu'il est dangereux de se rebeller contre la destinée, qui peut nous broyer dans ses mains inexorables, il faut vous convaincre, parce que c'est la vérité, que même les demi-bonheurs sont préférables à la solitude qui fait le vide autour de la femme sans foyer et la met en état d'infériorité, vis-à-vis d'elle-même et des autres.

Combien peu de ménages, du reste, et non point parmi les moins unis, sont exempts de cette trahison de l'homme !

Je me suis laissée dire que la femme la moins trompée est, en réalité, celle dont le mari est le plus habile à mentir.

D'autres épouses pardonnent ou se taisent par fierté, par devoir ou esprit de sacrifice !

Et puis, les années se succèdent ; avec le recul du temps, tout s'atténue et se nivelle, prend sa véritable importance.

Et la femme, ayant plus ou moins pardonné et fait plus ou moins de concessions, est heureuse de se retrouver, au seuil de la vieillesse, près du compagnon qu'elle a su garder.

Les enfants la quitteront : les filles s'en allant

avec l'époux ; les fils créant, à leur tour, un foyer ; mais le mari lui restera, et le mariage aura fait ce miracle de lui assurer un ami jusqu'au terme du voyage.

Cet avantage mériterait à lui seul, tout le prix que vous attachez au mariage, mesdames, mesdemoiselles... Il vaut à lui seul, qu'une fois l'anneau nuptial passé à votre doigt, vous ne le laissiez plus glisser.

Je ne connais rien de plus émouvant, d'ailleurs, que la vue de ces vieillards qui, s'étant pris par la main en pleine adolescence, se retrouvent les années passées, toujours côte à côte...

Si leur union a débuté par cette exaltation amoureuse que l'habitude transforme, peu à peu, en estime et en tendre amitié ; s'ils ont souri ensemble, inclinés sur le sommeil des nouveaux-nés ; si, malgré les heurts et les malentendus, rien d'irréparable ne les a séparés, alors ils ont connu la joie la plus enviable.

Est-ce la faute à nos mœurs, à nous autres jeunes femmes, au divorce qui nous donne le courage de nous rebeller, mais il est évident que cette félicité échappe à beaucoup d'entre nous, tandis que, presque toujours nos parents nous en offrent le reposant spectacle.

Et il faut bien que nous l'eussions aimée pour

nous, cette félicité, et que nous la considérions comme la forme idéale du bonheur, puisque, à contempler notre père et notre mère, ainsi réunis au-delà de la jeunesse, nous en éprouvons une fierté qui, nous semble-t-il, rejaillit sur nous...

D'aucuns me blâmeront peut-être de m'exprimer, au cours de ce livre, avec tant de franchise, devant de jeunes personnes.

Que celles-ci me pardonnent, en égard au but que je poursuis, si j'arrête en plein vol, des rêves et des illusions.

L'expérience venue elles me remercieront, je veux le croire, d'avoir parlé, non comme un écrivain lyrique, mais comme une amie — leur amie.

Elles sont bien trop avisées, nos jeunes filles modernes ! On en voit de trop ingénieuses et de trop érudites !... Il serait indigne d'elles, de leur représenter que tout est beau.

On tenait ce langage, autrefois, aux jeunes innocentes, et les premiers chocs de la décevante réalité les laissaient désemparées et meurtries.

De nouveau, je citerai Stendhal à ce sujet.

« Je soutiens, dit-il, que l'on doit parler de l'amour à des jeunes filles bien élevées. Qui osera avancer de bonne foi que dans nos mœurs actuelles, les jeunes filles de seize ans ignorent l'existence de l'amour ? Par qui reçoivent-elles cette idée si importante et si difficile à donner ?... Voyez Julie d'Estanges se plaindre des connaissances qu'elle doit à Chaillot, une femme de chambre de la maison... »

Et Stendhal ajoute :

« Il faut savoir gré à Rousseau d'avoir osé être peintre fidèle. »

On vous a assez dit et redit de vous montrer vertueuse épouse et mère dévouée ; économe, et non dépensière ; maîtresse de maison avisée, pour qu'il soit utile de le répéter ici.

Je me résumerai en un mot : soyez les épouses qu'auront promises vos fiançailles, c'est-à-dire, ayez, une fois mariées, les qualités, que, jeunes filles, vous aurez affichées auprès des épouseurs.

Ayez aussi pour votre mari cette déférence admirative qui lui plait : s'il est un père tendre, un époux sérieux, il la mérite.

Alors, sans vous humilier, sans abdiquer votre personnalité, reconnaissez-lui cependant cette supériorité de l'homme qui fait vivre sa femme et ses enfants de son travail, ou de son intelligence.

Soulignez la place prépondérante qu'il occupe à la maison ; qu'il voie que les enfants sont, comme vous, imbus de son importance. La lui souligner, c'est l'en convaincre et lui donner ainsi conscience de ses devoirs.

Je l'ai dit : malgré les sentiments d'égoïsme que l'on prête volontiers à l'homme, celui-ci est plus embarrassé qu'on ne croit, du chagrin qu'il suscite. Vous le voyez dans maintes occasions, hésiter à se libérer du joug qui lui pèse, et même se décider à rester, dût-il le regretter et en souffrir quand l'amour dont il est l'objet, et qu'il ne paye pas de retour, lui paraît sincère.

Eh bien, une autre raison qui le retient, c'est de se savoir indispensable à la vie des siens. Ce fait constitue pour lui une obligation sacrée, à laquelle il n'ose se dérober, et qui lui inspire, tout à la fois, de la pitié pour les êtres qu'il protège, et une sorte de fierté vis-à-vis de lui-même.

Fierté, pitié, conscience de la responsabilité qui lui incombe... quel que soit le sentiment qui domine, c'est dans cette idée qu'il est nécessaire, qu'un mari trouve souvent la force de rester jusqu'au bout, un homme de devoir.

Et c'est déjà beaucoup ! Ne soyons pas trop gourmandes.

La femme doit s'appliquer à rendre le foyer agréable, à donner à la maison un aspect souriant.

Quoi de plus séduisant pour un époux, que de voir sa compagne évoluer dans un décor arrangé avec goût. Quel repos et quel réconfort, lorsqu'il rentre le soir, désireux de laisser au seuil de la porte familiale ses fatigues et ses soucis, de trouver partout un ordre harmonieux !

C'est l'oasis après la bataille, la rude bataille des jours quotidiens de labeur.

Même les ménages les plus modestes, peuvent révéler cet effort de la femme à rendre l'intérieur plaisant et hospitalier : une fleur dans un vase, un nœud de ruban, des rideaux bien choisis, une propreté méticuleuse, suffisent à épandre, sur toutes choses, un air de gentille coquetterie.

Dans les logis luxueux, la maîtresse de maison pourra déployer une ingéniosité plus artistique : les bibelots, les dentelles, les meubles de goût, donneront au logis, ce cachet personnel que le mari retrouve tous les soirs, avec un plaisir de propriétaire.

Il suffit à la femme d'un peu de volonté et d'application soutenues, pour créer ainsi, autour d'elle, une aimable originalité ; il lui suffit d'aimer sa maison et d'aimer à y vivre.

Bien des jeunes femmes ont tendance, au contraire, à s'en désintéresser et à la laisser entièrement entre les mains des domestiques. Elles pré-

fèrent s'en évader, courir les magasins et les expo-
sitions que de goûter, chaque jour, quelques heures de vie intérieure, qui leur assurerait, cependant plus de satisfaction que l'existence vide et
futile où elles s'enlisent comme à plaisir. Et leur
appartement, aussi confortable soit-il, conserve
l'aspect sévère de ces logis de garçons qui ne dé-
cèlent aucune présence ni aucune sollicitude fémi-
nines.

Parlant de certaines femmes, dont l'influence
s'exerce sur l'époux, on dit d'elles, parfois :
« Elle sait s'y prendre ! »

Comprenez-vous, mesdemoiselles, toute la si-
gnification et toute la saveur de cette expression ?
Vous la représentez-vous, cette femme qui sait
s'y prendre ?

Je la vois, aimable et gracieuse, restant calme
dans la discussion, résolue dans la douceur, ne
buttant pas le mari qui s'obstine, lui laissant
croire que ses avis priment... Et puis, sans avoir
l'air de rien, sans y toucher, imposer ses volontés
à Monsieur, au point que celui-ci croit prendre
une décision, quand, en réalité, Madame la lui
suggère.

Elle sait s'y prendre : s'il est orgueilleux, elle
ne l'écrasera pas de son érudition ou de son bas-

bleuisme ; s'il est violent, elle ne se renfermera pas, après chaque querelle, dans un mutisme obstiné ou hautain ; s'il est égoïste, elle ne se désintéressera pas de ses petites misères... Non ! car elle sait s'y prendre.

Et le mari le plus autoritaire deviendra, sans le savoir, entre ses mains, l'esclave le plus soumis... et le plus heureux.

Et au fond n'exagérez pas votre mérite : il est facile de « savoir s'y prendre ».

Observez autour de vous : malgré les grands airs de maître qu'il affecte, ce n'est jamais le mari qui commande chez lui : madame a le décor qu'elle veut, les domestiques qui lui conviennent, les relations qu'elle choisit. L'une de celles-ci cesse-t-elle de lui plaire ? Voici Monsieur influencé aussitôt, et qui se range du parti de sa femme. Madame donne-t-elle ses soins à de nouvelles amitiés ? Sans arrière pensée, Monsieur tend à ses nouveaux amis, une main largement ouverte.

Tout se ressent à la maison, du règne de la femme : l'ordre et la bonne humeur qui y président, et aussi cet air de prospérité souriante et respectable, qui se dégagent des intérieurs heureux.

La différence qu'il y a entre les bons et les

mauvais ménages, entre la femme qui sait s'y prendre et celle qui ne sait pas, vient de ce que les unes ont des façons charmantes de gouverner, et les autres, des façons désagréables et maladroites.

Les unes s'attachent leur mari ; les autres découragent le leur ; ou bien, perdant sur lui toute influence, elles le retrouvent un beau jour si indifférent, si peu soucieux de leur plaire, que ce sont elles-mêmes qui souffrent et songent à partir.

Je ne finirai pas sans aborder le chapitre délicat de la coquetterie.

Encore que les jeunes femmes auront pu, aussi bien que les jeunes filles, trouver à s'instruire au cours de ce livre, ces dernières pages, leur sont plus spécialement consacrées.

C'est un fait constant, qu'après avoir mis tout en œuvre pour conquérir un mari, nombre d'épouses ne font plus rien pour le retenir.

Je voudrais que vous vissiez ce que sont, au réveil ou dans l'intimité, certaines beautés que vous admirez en visite, chez vous ou le soir aux lumières.

Tandis qu'aucune robe, qu'aucun chapeau ne leur semblera, tout à l'heure, assez luxueux pour se présenter devant des amies ou faire fi-

gure dans le monde, on les voit au réveil, la tête
hérissée de bigoudis, le visage enduit de vaseline,
le corps vêtu d'un peignoir à peine net, les pieds
s'échappant de pantoufles usagées.

Il est bien inutile, n'est-ce pas, de se gêner
devant le mari ! Si l'on n'usait pas devant lui
les vêtements fatigués, si l'on ne soignait pas
sans façon, en sa présence, la beauté dont il sera
fier hors de la maison, devant qui le ferait-on,
grands dieux !

Ce sont ces mêmes femmes qui, lorsqu'elles
sentent leur époux se détacher d'elles, s'écrient,
étonnées, en levant au ciel des yeux remplis de
larmes : « Tu ne m'aimes plus, que t'ai-je donc
fait ? »

Oh ! rien, en effet, ou presque rien !

Elles ont seulement interposé entre elles et le
mari, des visions sans grâce qui lui ont fait ou-
blier l'image qu'il chérissait.

Celle-ci peut reparaître, ensuite : derrière la
silhouette parée et pimpante, le mari retrouve,
par la pensée, les papillotes et le visage huileux
du matin.

Que des malentendus, des dissentiments, des
querelles arrivent par surcroît, et vous verrez
Monsieur ne rentrer à son foyer, que sans gaîté
ou contraint.

J'imagine pourtant que s'il avait emporté à son magasin ou à son bureau, l'agréable vision d'un visage séduisant et aimable — le même qui sut le charmer au début — il n'eût peut-être pas songé à se créer hors du foyer, les satisfactions qu'il ne goûte plus auprès de sa compagne légitime.

Que l'on ne m'objecte point que la coquetterie est un luxe qui n'est pas à la portée de toutes les bourses : dans un décor modeste, la robe de percale pare tout autant la maîtresse de maison que le vêtement de prix exigé par un logis plus cossu. Et les hommes ne sont pas si fous que de courir après d'inutiles chimères et d'abimer l'heureuse réalité par des regrets inutiles : un ouvrier, un honnête employé, sait trouver « sa petite femme » gentille entre toutes, sous les étoffes sans valeur, qu'elle-même a façonnées.

Il y a deux catégories de femmes qui doivent éviter d'user de fards : les toutes jeunes et les très vieilles.

Rien n'est touchant comme la beauté fanée, qui se résigne à abdiquer, et qui, sans se départir d'une aimable coquetterie permise, se tient simplement à la place effacée qui lui est désormais assignée...

Rien n'est plus joli, aux heures claires de la

journée, qu'un visage de vingt ans, qui s'acco-
mode sans en souffrir, de son teint pâle ou nacré,
de sa bouche rose, de son regard vif et brillant.

La beauté du diable l'emportera toujours, sur
la beauté apprêtée, surtout quand l'ambition
d'une femme se borne à plaire à un seul : à l'é-
poux.

Mais enfin, très vite les années passent.

Dès vingt-six ans, trente ans, les joues n'ont
plus la douceur chaude et lisse des pêches ver-
meilles ; les longs cils recourbés, se sont raccour-
cis ; autour des yeux, la chair n'a plus l'élasti-
cité souple d'autrefois.

Et je parle des jolies femmes.

D'autres, qui tout en ayant un physique agréable, n'ont rien d'extraordinaire, se ressentent
plus visiblement encore des premières atteintes
du temps : les rides se montrent, les traits paraissent, certains jours, étirés et las.

Gare alors, aux teints bilieux, aux lèvres fi-
nes, aux sourcils trop clairs.

Posons nettement la question : la femme qui
n'a plus l'éclat de la prime jeunesse, doit-elle
apprêter et perfectionner sa beauté, par des mo-
yens artificiels ?

Nous répondons nettement : « oui » pourvu

qu'elle garde une sobre mesure ; que le soupçon de rouge ravivant les joues pâlies, et le trait léger dissimulant les sourcils moins fournis, par exemple, ne deviennent pas le maquillage exagéré, qui attire les regards sur une passante, et la rend suspecte.

Nous ne pouvons lutter contre les usages, qui s'établissent dans nos mœurs.

Or, il est certain que la mode admet aujourd'hui, qu'une femme « s'arrange ». Les femmes du meilleur monde le font, ne fut-ce que le soir, aux lumières, car l'éclairage électrique est néfaste même aux traits les plus réguliers, même aux plus belles carnations.

Il les maquille lui aussi, mais en sens inverse ; il leur donne les couleurs cadavériques d'une peinture impressionniste. Il n'est donc que trop prudent de rétablir la vérité.

D'autres femmes avouent tout uniment, que si elles « s'arrangent », c'est que ça leur va bien.

Mais, près de ces visages rehaussés par l'éclat des fards, comment seront les autres femmes ?

La comparaison, je le crains, ne sera pas à leur profit ; et, à moins de se résigner à paraître ternes, anémiées, banales, presque laides, (ce qui est dangereux près d'un mari qui regarde, compare, et conclut, sans toujours rechercher les effets et les causes) il faudra bien qu'elles suivent l'exemple et s'habituent, elles aussi, à manier les pâtes et les poudres.

Et c'est ainsi qu'en s'imposant, une mode devient parfois une nécessité.

D'ailleurs, pourquoi avoir l'air de chercher une excuse à la femme soucieuse de se montrer à son avantage !

N'est-ce pas son devoir ? Ne devons-nous pas nous appliquer à être le plus agréables possible, au physique comme au moral.

Nous le devons à nos maris pour qu'ils nous restent attachés ; aux enfants, afin qu'ils grandissent près d'une maman agréable, dont ils pourront dire plus tard, un peu émus et un peu fiers : « Maman !... Mais elle était charmante autrefois... »

Nous le devons à tous : à nos proches, à nos amis, à nos relations, à cause que, de tout temps, le beau fut plus agréable à regarder que le laid.

Je sais : les timorées s'en écrieront en lisant ces lignes.

J'en connais une qui s'est fâchée avec une amie d'enfance, parce que celle-ci se mettait à soigner sa beauté, menacée par l'approche des trente ans.

Notez que cette sévère pudibonde, ne se gêne pas pour porter des cheveux postiches et pour remplir les goussets vides de son corsage.

Alors, je vous le demande : en quoi le faux chignon, les appâts « portatifs », sont ils plus « honnête femme » que la poudre rose ou l'imperceptible trait au crayon noir ?

Eh quoi ! la couturière dissimule les imperfections du corps ; le bottier cache la difformité d'un pied ; le coiffeur fait valoir une chevelure ingrate, et il serait répréhensible de corriger discrètement, sur le visage, les fautes commises par la nature ou par le temps !...

Du moins cet arrangement là ne trompe-t-il personne.

Je suis persuadée, du reste, que les plus timides finissent par s'accomoder elles-mêmes de ce qu'elles ont blâmé... A moins que leur visage ne soit trop disgracieux pour bénéficier de n'importe quel apprêt... auquel cas elles préfèrent — et pour cause ! — continuer à s'abstenir et à se draper dans leur dignité offusquée.

Remarquez-le : l'âpre intransigeance des femmes n'est souvent que le secret dépit de ne pouvoir imiter ce qu'elles décrient.

Cela va sans dire, d'ailleurs, que pour chacune de vous, mesdames, mesdemoiselles, le meilleur juge en la matière sera votre mari.

S'il s'oppose à tout artifice, obéissez !... Obéissez d'autant plus qu'il sera peut-être, qu'il sera je l'espère, parmi ceux qui, au-delà de la médiocrité du visage, entrevoient les vertus de l'âme et l'attrait délicat du cœur...

Car je répèterai ici ce que j'ai dit au sujet des flirteuses : si nous poussons la coquetterie trop loin, n'est-ce pas encore par désir de plaire et de retenir ? Si nous dépassons le but, n'est-ce pas le plus souvent par excès de zèle !

A vous, Messieurs, de nous remettre sur la voie.

CHAPITRE IV

J'allais arrêter là mes dissertations sur la femme
et le mariage, quand je reçus la visite d'une toute
jeune amie.

— Voulez-vous me donner un conseil ?

— Avec plaisir, si je le peux.

— Il s'agit de mon « filleul »... oui, de mon
« poilu », vous savez... celui avec qui je corres-
ponds depuis six mois.

— Bien.

— Il est venu à Paris, permissionnaire ! Je l'ai
vu !... Vous devinez le reste.

— A peu près... On se plaisait déjà beaucoup
par lettres... la sympathie est devenue un grand
amour.

Elle avoua, troublée :

— Mon Dieu, c'est tout à fait ça.

— Eh bien !... Quelque chose s'oppose-t-il à
votre mariage ?

— Non !... c'est-à-dire... Enfin, voici : il a été blessé aux Eparges. Oh ! citation à l'ordre du jour, croix de guerre avec palme, médaille militaire, il y a de quoi être fière de lui ! Malheureusement, le pauvre et vaillant garçon y a laissé un bras.

— Ah !

Je savais maintenant pourquoi elle était venue. Mais j'attendis, circonspecte, qu'elle parlât de nouveau.

Et je songeais aussi, que malgré ma prétention à traiter ce livre le mieux possible je n'aurais pas moins passé sans m'en douter, n'était la visite de cette petite, à côté de la question la plus brûlante et la plus attachante qu'il convenait de traiter...

Qu'est donc notre ingéniosité d'auteur, à côté des drames vécus que nous frôlons à toute heure !... Voilà où nous puisons de quoi réfléchir et rêver !...

A quoi bon toute mon expérience de laquelle je me suis recommandée pour donner des conseils à mes sœurs cadettes, et que furent toutes les phrases que j'employai à cet effet, puisque je n'ai pas su prévoir la détresse de cette âme féminine venue, timidement, chercher un secours près de moi !

Elle, cependant, se décidant tout-à-coup :

— Vous l'épouseriez, vous ?

— Est-ce que le cœur vous en dit ?

— Oh, le cœur !... oui.

Et ce fut très affirmatif.

Je poursuivis :

— Alors ?

— Le cœur !... Mais...

— Je devine !... Le cœur, mais pas l'amour-propre, hein ! ...Vous avez peur que vos petites amies ne jasent ou ne vous désapprouvent...

Elle leva sur moi un regard à la fois navré et ingénu :

— C'est très mal, n'est-ce pas ? Et pourtant, reprit-elle avec vivacité, comme nous nous entendons bien tous les deux !... Il est si bon !.. Et puis, très instruit, très intelligent !... Et si gentil, si gentil !...

Elle s'animait. Elle ajouta plus bas, baissant la tête :

— Ah oui, le cœur m'en dirait !...

Alors, je lui pris affectueusement les mains, et la forçant à me regarder en face :

— Petite « grosse bête ». Quand il s'agit de votre bonheur, c'est donc aux autres que vous pensez... Et puisque malgré ce bras mutilé, tout votre être vous pousse vers ce brave garçon, n'ê-tes vous pas fière plutôt, de la tâche admirable, de la tâche sacrée, à laquelle le hasard vous a destinée !

— Oui, oui !... supplia-t-elle doucement et en fermant les yeux, parlez !... parlez !...

Et ces paupières closes, ces lèvres où s'ébauchait un faible sourire, toute cette physionomie inspirée par une pensée intérieure, me rappela, je ne sais pourquoi, ces visages extasiés de sœurs de charité, dont le regard semble voir plus clair et plus haut que le nôtre...

— Je ne fais pas à la femme française, lui dis-je, l'injure de croire que l'amour qu'elle aura donné ou promis avant la guerre, diminuera, par la suite, si le mari ou le fiancé revient mutilé. Les filles de France portent trop en elles, en naissant, le goût de notre froment et de nos vignes juteuses, pour éprouver des sentiments aussi peu généreux. Plutôt enthousiastes, souvent quelque peu exaltées, elles poussent tout sentiment à l'extrême : l'extrême, dans ce cas, c'est qu'elles aimeront davantage, j'en suis sûre.

« Quant aux autres !...

« Les conseiller est délicat... chacune saura mieux que moi ce qu'il faut faire... Vous-même, vous avez hésité... pourtant, même sans me consulter, vous auriez fini, c'est certain, par vous décider.

(Ici je sentis une pression de la main fluette qui tenait la mienne.)

« Mais il me semble que celle-là, qui, libre de choisir, aura su vaincre l'inévitable mouvement réflexe que nous arrache la beauté disgraciée, celle-là, dis-je, aura droit à toute admiration, à notre respect...

« Et je crois aussi que, tout calcul fait, elle-même y trouvera son compte. Vous le savez malgré son amour, ses bonnes intentions, l'homme se fixe difficilement. Mais ici, conscient de sa faiblesse, la reconnaissance qu'il gardera à sa femme et aussi, pourquoi n'en pas convenir, la crainte de trouver moins d'indulgence et de sollicitude ailleurs, l'attacheront à tout jamais.

« Et que leur demandons-nous, sinon, mon Dieu, de nous rester fidèles.

« Je voudrais que tu redevinsses pauvre » s'écriait une jeune femme, devant son mari que le travail enrichissait, mais que le luxe rendait indifférent et léger.

« Et lui, s'en allait répétant : « Elle veut que je redevienne pauvre ! Peut-on être bornée à ce point ! Elle a tout ce qu'il lui faut à présent, des toilettes, des bijoux, des domestiques, et elle veut que je redevienne pauvre ! Elle ne comprend rien. »

« C'est lui, la brute, qui ne comprenait pas ce mot admirable de femme.

« C'est qu'il faut aimer vraiment, voyez-vous, ou avoir aimé, pour saisir le sentiment subtil, qui nous fait, par instants, souhaiter d'avoir un compagnon laid, difforme, malheureux, afin que nulle autre ne nous le prenne...

« Eh bien, à vos jeux, mesdemoiselles, faites vos jeux... c'est le moment.

« J'en ai déjà vu pas mal de ces mariages, décidés et accomplis, ainsi depuis la guerre, entre de belles jeunes filles et des amoureux muti-lés. Et que les raisonneuses ne se hâtent pas d'ex-pliquer et de conclure. Nous savons aussi bien qu'elles ce qu'on peut objecter. Qu'elles songent, plutôt, que ces maris déjà retenus, c'est pour elles autant de moins à choisir...

« Je dis plus : en acceptant d'être pour un mal-heureux, la fée bienfaisante qui redonne l'espoir, la joie, le goût de la vie, la femme ne cèdera pas seulement à la pitié, à sa bonté naturelle... elle obéira bel et bien à l'amour... vous en êtes la preuve, ma chère petite amie... »

Elle resta muette, mais deux yeux humides s'attachèrent sur moi.

« Nous ne savons pas, nous autres, nous don-ner à demi... toujours le cœur l'emporte, et notre regard ne voit, de l'être que nous aimons, que ce que nous voulons voir... Nous nous attachons à l'homme, malgré ses imperfections, quelquefois malgré ses tares... Il nous arrive de le suivre jusque dans le mal, jusque dans le crime... nous l'accompagnerons, allègrement, dans la douleur. »

Je m'arrêtai... le front dans ses doigts, ma petite amie sanglotait.

— Eh bien, ma chérie, que vous prend-t-il ?

Elle s'empara de mes mains, presque avec brusquerie :

— Promettez-moi, promettez-moi... (Vous le verrez, je vous le ferai connaître)... promettez-moi donc de ne jamais lui dire... mais jamais, entendez-vous, jamais !... que j'ai pu hésiter un instant...

— Je vous le promets. Mais n'exagérons pas, ce ne fut pas un crime.

Elle s'était levée, transfigurée :

— Presque !...

Ce n'était plus la jeune fille timide du début, ce n'était plus ce cœur complexe d'enfant, venu pour chercher un appui près du mien. J'avais une femme devant moi.

Je la reconnus : c'est celle que nous frôlons chaque jour, vêtue de soie ou qui sort en cheveux ; elle doit avoir ses travers et ses défauts ;

nous la détesterions peut-être si nous la connaissions. Elle est sans intérêt pour nous, passants...

Elle n'en est pas moins celle dont le cœur, l'âme et la chair, font les enfants de France — c'est-à-dire des héros.

Paris 1915.

IMPRIMERIE DE CHOISY-LE-ROI. — GRUFFEL ET Cie.

www.ingramcontent.com/pod-product-compliance
Ingram Content Group UK Ltd.
Pitfield, Milton Keynes, MK11 3LW, UK
UKHW031820170726
13836UKWH00003B/1478